사랑의 예언자

사랑의 예언자

발행일 2013년 2월 15일 발행인 정상철 저자 김세인
발행처 궁미디어(충남대학교출판문화원)
주소 대전광역시 유성구 대학로 99
전화 042-821-6045 홈페이지 cnupress.cnu.ac.kr
E-mail cnupress@cnu.ac.kr

ISBN 978-89-7599-459-3 03810
정가 8,000원

김세인

사랑의 예언자

궁미디어
GUNGMEDIA

"하늘과 땅에서 마주 바라보고 계시는 부모님께
손 모아 올립니다"

| 목 차 |

강을 거닐며

아침 햇살이 산영을 밀며 물길 따라 반짝인다
물안개가 혼처럼 살머시 흩어지고
놀란 물오리는 앙가슴을 애만지며
물살을 스치며 날아간다

강돌을 만지작거리며 멈춰선 현자는
곧추선 바람에 미소를 머금고
불의 마음을 씻는다
반야의 열정이 물바람에 파랑 거린다
소중한 것들은 모두 여기에 있거늘

이슬을 머금은 풀잎을 바라본다
너의 언어를 홀연 깨우쳤으니
내 어찌 부끄럽지 않으리오
영고의 세월을 이어온 생명이
푸른 침묵으로 여물었으니

줄 이어 이동하는 한 무리의 미물을 내려다본다
저 지극한 단순함이 생명의 심줄이거늘
영원을 걸어가는 일획의 지혜,

갈림길에서 기도하는
우리의 후손보다 영원하리라

강섬을 바라보니 백로 한 쌍이
물위에 포개진 햇살을 응시하고 있다
하루하루가 기다림이 아닌가

온갖 유혹과 환상을 떨쳐내고
오직 경계 안에 들어오기를 기다리는 것
먹이가 목적이 아니라
오직 기다림이 목적이었으니

우리의 먼 조상들은
얼음 골짜기를 가로질러 산정에 올라서서
가쁜 숨을 몰아쉬고
의지의 화살을 창공으로 쏘아 올렸지만
지식은 우리를 산 채로 매장하고
지혜는 서로의 심장을 옥죄었으니

우리의 조상은 어느 하늘의 후손인가

달콤한 웃음 뒤에 비수를 감추고
자신도 사쇠할 수 없는 욕망이
서로의 등짐이 되었으며 또한 우리는
서로의 꿈을 얼마나 허물어야 하는가

이성으로 세운 정의가 세상의 나침반이었는가
아니면 혼돈의 등불이었는가
깃발을 앞세우며 이룬 자유가 실로 기쁨이었는가
아니면 또 다른 족쇄였는가

우리는 왜 시대를 넘어서지 못하고
우리는 왜 문명을 가로지르지 못하는가
베일에 감춰진 지식은 무엇이며
그 지혜는 어느 산하에서 잠들어 있는가

한줄기 강바람이 스쳐간다
나는 빛인가 어둠인가
강둑에 앉아 먼 들녘 너머
사람의 마을을 바라본다

우리는 바람처럼 홀로 떠돌 수 없고
독수리처럼 창공에 둥지를 틀 수 없거늘
서로가 서로의 희망이 되고
서로가 서로의 사랑이 되어 살아야 할진데
욕망의 불은 지혜의 탑을 불태웠으니
우리는 어떤 모순을 간직하고 있는가

현자의 얼굴에 그림자가 드리운다
침묵은 스스로 선을 행하지 못하고
희망은 홀로 날 수 없으니
기다림만이 최선은 아닐 것이다

의식은 시대의 목소리에 순종하고
만물은 시간의 흐름에 발맞추어 변하였으며
나의 언어는 또 변하고 갈릴 것이니
차라리 허공을 믿으리라

나의 노래는
바람의 목소리가 길을 안내할 것이며
또 다른 현자의 입술이 되리라

다시 긴 침묵이 이어졌다
바람이 물이다준 이슬에 입술을 적실뿐
현자는 미동하지 않았다
한줄기 고요가 강을 건널 때
현자는 눈을 뜨고 바람을 모은다

침묵이 목적이 되어서는 아니 되리라
깨달음이 목적이 되어서는 아니 되리라
몸을 돌려 물위를 스치는 바람에 마음을 싣고
묵묵히 생각을 여미기 시작하였다

사랑

1.
그대는 사랑으로 태어났으며
사랑으로 죽음을 맞이하리라
사랑은 그대의 존재이며
그대를 지키고 성숙하게 하고
그대가 있음으로
사랑은 영원하리라

사랑은 계절 따라 성하고 멸하지 아니하며
그대가 세상에 몸 받고 나오기 오래전부터
그대는 사랑을 주고받았으며,

풀잎의 떨림에서 생멸의 영원을 느끼고
별을 헤는 그 따스한 숨결로
세상에 손을 내밀 수 있다면
그대는 이미 사랑으로 충만하다

사랑은 무에서 창조된 무엇이 아니며
유무를 순환하는 물레도 아니다
그대가 있건 없건

빛과 어둠이 있었던 것처럼
사랑은 강물처럼 그대를 감돌며 흐른다

사랑은 어둠도 밝음도 아니며
이별의 출입구도 무관심의 저편도 아니다
사랑은 그대의 삶이며
삶의 주인은 그대이고
그대가 곧 사랑이다

그대가 바라보는 그 시간 속에
사랑이 있고,
그대가 대지를 딛고 우뚝 선
그 있음에 사랑이 있다

그대가 숨 쉬는 그 숨결 속에
사랑이 있고,
그대가 오늘을 맞이하고
그대를 격려하며,
위로하는 마음으로 잠자리에 드는 것이
곧 사랑이다

2.
오늘 사랑은 물빛이며
내일 사랑은 하늘빛이라고 말하고
서로 다투며 시기하고 있다면
사랑의 이름은 무엇인가

이것은 신의 사랑,
저것은 우리의 사랑,
이것은 나의 사랑,
저것은 그대의 사랑이라고 한다면
그대는 사랑의 마술사인가

그대의 기도에 답하는 사랑도 알고 보면
그대 안의 그대이며,
그대의 신을 사랑하고
그분으로부터 받은 축복과 은혜도 알고 보면
그대 안에서 말없이 생동거리며
깊은 꿈속에서도 꿈꾸는 사랑이 아니던가

허나 그대가 물려받은 세상을 돌아보면,

신들은 기꺼이 화평을 원할지라도
그대는 신의 휘장을 칼과 방패에 두르고,
세상이 그대에게 이름을 부여하였듯이
신의 이름을 앞세우며,
그대의 숨은 욕망을 불사르고 있거늘

그대가 받은 그 욕망의 축복이
그대의 더 큰 사랑과
그대의 더 큰 믿음을 가로막고 있다면
그것은 구원이 아니라 구속이며,

또한, 그대가 욕망의 징검다리를 오가며
빈 마음으로 사랑한다고 말하지만
그대가 언제 빈 마음을 가진 적이 있었는가
빈 마음이 오히려 온 마음이었거늘

욕망의 이름으로 사랑의 깃발을 휘날리고
욕망의 명패를 앞세우며 사랑을 호명하지 말라
사랑은 껍질로 감싼 핵과도 아니며
안개 속을 거니는 무형의 그림자도 아니다

사랑은 천상의 제단에 제물을 받쳐서 얻은
침묵의 응답도 아니며
정화수를 올리고 천일기도를 통해 성취하는
자기성찰도 아니다

사랑은 언제 어디서나
그대를 감싸고 흐르는 샘물이며
그대가 곧 사랑이요 주인이거늘
도대체 어디에서 주인을 찾고 있는가

3.
아침 햇살에 속살을 비벼대는
갈잎의 설렘을 어떻게 그려낼 수 있는가
다가서면 부끄러워 숨어버리지 않았는가

강물에 비친 달빛의 출렁임을
그대는 만져본 적이 있는가
다가서면 수줍어서 흩어지지 않았는가

그대가 사랑의 심장을 보려 하면

사랑은 안개비를 남기며 사라지고,
그대가 사랑의 숨결을 만지려 하면
사랑은 먹구름 속으로 숨지 않았는가

살펴보면 사랑은
그대의 생각보다 높은 곳에서 명상하고
그대의 상상보다 낮은 곳에서 기도한다

모든 것을 만져보고 표현하고 싶은 욕망은
슬픔의 강이 되고
고통의 숲길이 되었으며
이편저편의 논리로 만상을 네모상자에 담고
사랑마저 그 어둠으로 밀어 넣었지만
그 의지가 그대를 행복하게 하였는가

생사의 비밀을 확연통철하였는가
진정 은산철벽을 넘었는가
아니면 그들도 확인하지 못한 저편에 진리가 있다고
내민 손가락을 바라보며
그대 손가락도 부끄러워하지 않았는가

오히려 풀잎 이슬의 맑은 눈망울이
그대의 하루를 행복하게 하였고,
갈라진 바위틈으로 무딘 발을 길게 내밀며
계절을 노래하는 갈참이
그대 의지를 굳건히 하였으며,
그대를 바라보는 아이들의 푸른 미소가
그대를 풍요롭게 하였으리라

그대가 마음속에 있는 모든 정령들을
밝음의 광장에 꺼내놓는다고 할지라도
기꺼이 그 어둠 속에서 웅크리고
그대를 바라보는 것이 사랑이며,

그 어둠 속에서 밝음으로 손을 내밀며
그대가 꿈꾸는 가장 높은 곳을 향하여
그대가 소유한 모든 것들과
그대가 소망하는 모든 것들을 감싸고
그대의 삶을 출렁이게 하는 것이
바로 그대의 사랑이다

4.
마음을 돌보지 못하는 사랑은
닫힌 시간 속에 머물고
그 사랑은 고인돌이다

욕망의 샘에 빠진 사랑은
밑 없는 독처럼 어둠의 대지 속으로 스며들며
그 사랑은 열매 없는 노동이다

사랑은
사랑하는 그 마음을 바라보고
말없이 행하는 것이며,
사랑은 나누워도 온존하고
항상 가득하여 무한하거늘

그대가 사랑의 삶을 원한다면
사랑의 확인자가 되지 말고
사랑의 실천자가 되라

그대가 삶의 사랑을 바란다면

사랑의 찬송자가 되지 말고
사랑의 안내자가 되라

그대 마음의 정원에 사랑의 물을 주고
그대 사랑의 강에 돛배를 띄우라

사랑은 그대가 애증의 손으로 목 조른다고
사멸하지 아니하며
사랑은 그대가 의지의 불로 사른다고
불타는 것이 아니다

사랑이 그대에게 자신만을 따르라고 말한다면
'아니요'라고 답하라
그것은 사랑의 가면을 쓴 욕망이다

사랑이 그대에게 말없이 행하라고 명령하면
'아니요'라고 말하라
그것은 사랑의 탈을 쓴 위선이다

사랑은 그대보다 앞서 내세우지 않으며
등 뒤에서 그대를 떠밀지도 않는다
사랑은 쉼 없이 그대의 모든 것을 휘감고
낮게 임하고 낮게 흐른다

사랑은 그대의 강물이며
그대는 사랑의 돛배이다

믿음

1.
그대의 눈이
그대의 눈을 본 적이 있는가
그대의 삶이
그대의 삶을 만진 적이 있는가
거울에 비친 모습을 보고
대지에 누운 그림자를 만지며
그대는 보고 만졌다고 하는가

그대의 신은
사랑의 힘으로 그대를 있게 하고
그대에게 생명의 권능을 주었는데
그대는 더 이상 무엇을 소망하는가
그 사랑보다 더 확실한 것이 무엇인가
혹시 그대의 신을 의심하는가
아니면 그대 자신을 의심하는가

신이 그대를 사랑하듯
그대의 신을 사랑으로 사랑하라
또한 그대의 삶에서 먼 곳에 있는 신들도 사랑하라

신들이 서로 사랑하지 않는다면
어찌 그대가 편안히 존재할 수 있겠는가

그대의 신은
그대에게 믿음을 강요하지 않았고,
그대에게 일방통행만을 가르치지 않았으며,
그 믿음은 그대의 선택이요
그 생각의 뿌리에 사랑이 숨 쉬고 있으니
그 믿음으로 소통하라

2.
그대의 믿음은 무엇인가
계절마다 향기를 선물한 정원의 꽃들에 대한 믿음인가
그대가 거닐던 추억의 강과
마음속에 간직한 그 꿈들에 대한 믿음인가

허나 그대가 받은 믿음의 응답은 침묵이고
결국 그대 스스로의 믿음이며
그 믿음의 뿌리는 그대와
그대가 사랑하는 자를 향한 마음이 아닌가

믿음이 있는 자와
믿음이 없는 자의 차이는
단지 사랑의 흐름과 멈춤이거늘

사랑의 마음은 믿음이며
그대를 사랑하듯 타인을 사랑하고,
그대를 믿듯이 타인을 믿으라

허나 시장의 물건처럼
믿음을 거래하거나 강요하지 말라
믿음은 매매되는 것도,
상속되는 것도 아니다

믿음이 계절처럼 떠돌게 하지 말고
산처럼 머물게 하라
믿음이 바람처럼 들뜨게 하지 말고
바위처럼 단단하게 하라

3.
그대에 대한 믿음과
세상에 대한 믿음,
모든 생명을 향한 믿음은 하나이다

선택한 그대의 믿음을 사랑하라
그 뿌리는 하나이고
바로 그대이다

꽃은 그대가 어떤 믿음을 지니고 있건
분별하지 아니하며
강물은 그대가 어떤 신앙을 간직하건
또한 분별하지 아니한다

그대의 상상에 어떤 차별이 있겠는가
믿음은 차이도, 차별도 없으며
모두가 그대 사랑에 뿌리를 둔 믿음이다
그대의 삶이 믿음이고
그대의 오늘이 사랑이다

광활한 우주의 삶 속에 그리고
생명의 성스러움 속에 오류가 있다면
그것은 그대의 잘못이 아니다

그대의 몸은 비록 만물의 순환에 갇혀있지만
그대의 마음은 무량하고 무한하며
그대는 홀로 완전하다

그 믿음 속에 살고
그 믿음 속에 죽는 것이
그대 삶의 정당한 이유이다

생명

그대의 어깨 위에 얹힌 명예,
시간의 틈새로 싹튼 욕망 그리고
그 욕망을 덮은 아상을 벗고
왕대로 둘러싼 마음의 벽을 걷어내고
그대를 있게 한 것이 무엇인가

용천과 백회를 순환하는 기운인가
그 기운도 생명의 에너지를 원한다면
그대가 매일 마주하는 식탁인가

그럼 식탁 위에 놓인 그들은 자신의 고향에서
그대와 마찬가지로 살려고 노력하고
사랑으로 생명을 이어가는 순한 목숨이 아니던가

그 고귀한 생명의 순환을 끊고
그대의 식탁으로 그들을 안내한 것은 무엇인가
그대의 어떤 권능인가

알고 보면 그대도 언젠가는
수장이건, 수목장이건

그대가 원하지 않을지라도
그대의 죽음을 인내로 기다렸던 생명들이
그들의 식탁에 그대를 아무렇게나 올려놓고
또 다른 생명의 향연을 벌리지 않겠는가

그대의 신도 다소곳이
그들의 신의 요청을 받아들이고
그대의 먹힘에 침묵하지 않겠는가

그대가 즐기는 이성의 논리로 표현하면
자신의 희생으로 그대를 살찌우고
그들의 입맛에 맞게 그대를 숙성시켜
다시 그대를 먹기 위함이니,

이는 그대보다 먼저 자연의 섭리를 깨닫고
새 생명을 위한 생명의 투자이며
그대가 감히 생각할 수 없는 지혜가 아닌가

생명의 순환은 그대 상상의 집보다 아름다우며
그대가 자신의 삶을 사랑하듯이

다른 생명의 삶을 사랑하여야 하고
그대가 자유의 삶을 원하듯이
다른 삶의 자유를 존중해야 하리라

그대가 덕유에 오를 때
신갈이 그대의 길을 가로막고
이쪽은 출입금지라고 말한 적이 있는가
그대가 한라를 오를 때
매발톱이 날선 발톱을 허리춤에 숨기고
그대에게 미소 짓지 않았는가

무릇 생명이란 사랑의 실천자이다
그대는 모든 생명들을 사랑으로 받아들이고
사랑으로 보답하여야 하며
그대의 죽음도 알고 보면
삶에 대한 사랑의 보상이다

삶과 죽음

1.
삶은 아름다운 시이다
기나 긴 어둠 속에서 깨어나
창공으로 밀어올린 연꽃의 노래이다

갈참 숲 사이로 저녁놀을 바라보고
사랑하는 사람과 천국의 꿈을 꾸었다면
그대는 행복하지 않은가

그대가 삶을 이유 없는 고통이라고 말한다면
그것은 사랑 없는 조상들이 물려준 유물이며
사랑 없는 문명의 파편이다

사상의 계보를 만들어
틀에 맞는 종이상자에 넣고,
조상이 스쳐간 흔적을 더듬으며 그 빈자리에
그대 이름을 새겨 넣는
그 이성과 욕망이 고통의 뿌리이다

보이지 않는 곳에서 날아온 화살로부터

몸을 보호하기 위해 금갑을 입고,
실병을 예방하기 위해 악초로
그대를 보호한다고 한들,
그대의 가슴을 향해 쏜 화살을 피할 수 없으며
그대의 마음에서 싹튼 질병으로부터 벗어날 수 없거늘

그대의 몸은 앞서 죽은 생명들이
그대를 위한 희생으로 키운 것이며
그대의 영혼은 그대의 조상들이 지켜온 불이다

세상은 그대를 위해 펼쳐진 삶의 터전이며
그대가 지켜야 할 사랑의 창조물이다
그대의 삶은 희로애락의 순환도 아니며
생사유변의 지평선도 아니다

그대가 징검다리를 건너다가
불현듯 깨달음을 얻었을지라도
나머지 돌다리를 마저 건너야하듯이
삶은 그대의 손님이며
그대는 삶의 주인이다

2.
죽음은 문이 아니라 길이다
죽음은 삶의 끝도,
심판의 날도 아니다

죽음은 그대가 사랑했던 사람들
그대가 거닐던 들녘과 산하
풀잎의 향기와 산새의 지저귐을
더 이상 사랑하지 못할 뿐이다

그대 삶 속에 죽음은 얼마나 많았는가
그 죽음의 두려움에 상상의 나래를 펼치며
얼마나 많은 연습을 하였는가

허나 어떤 죽음의 노래도
그대의 생각보다 진실하지 못하며,
이 세상의 어떤 생명도
그대의 삶과 죽음을 대신할 수 없다

죽음은 닫힌 육체로부터의 해방이며

그 축복은 은혜이다
내린 비가 하늘로 다시 오르듯이
침묵에서 온 그대가
다시 고향으로 돌아갈 뿐이다

그대가 사랑의 삶을 살았다면
죽음도 그 사랑 속에 있으며
세상이 그대에서 감사의 말을 하지 않을지라도
그대는 사랑으로 죽음을 맞이할 것이다

시간의 지평에서 언젠가
죽음이 홀연히 그대를 선택하고
그대를 부르면 감사의 마음으로 답하라

그대가 대지에 뿌리를 내리기 전에
그대의 부모가
그대의 삶을 위해 기도했던 것처럼

창조와 진화

옛 숲길을 거닐다가 우연히
그대 조상을 만난다면
그대가 울안의 원숭이를 보듯이
슬픔의 시간을 마주하게 되리라

그대가 살고 있는 이 성곽은
창조의 어느 경계이며
진화의 어느 지평인가

어둠이 빛이 되고
빛이 다시 어둠으로 돌아가듯이
합쳐지고 나뉘고
흐르다가 머무는 이 순환 속에
그대는 두려움에 떨고 있으니
그것은 변화에 대한 마음의 불안이리라

시간의 굴레 속에 혼돈과 질서,
균형과 불균형이 순환하듯이
그 변함의 법칙 속에 그대가 있고
그대 육신은 그 법칙에 메어있으니

그것에 순종해야 하리라

유전流轉은 하늘의 뜻이지만
그대 스스로 미래를 설계하고
꿈꿀 수 있는 능력이 있으니
유전도 변화시킬 수 있으리라

허나 사랑은 변하지 않는다
사랑은 외딴 섬처럼 세상과 떨어져 있지 않으며
산정의 솔개처럼 제자리를 맴돌지도 않는다

어떤 사랑이 낯설다면 그것은
그대가 오르지 못한 산처럼 아직 닿지 못했을 뿐이며
어떤 사랑이 부족하다면 그것은
그대가 가보지 못한 강이 아직
그대의 마음에 흐르지 않았을 뿐이다

변화가 새로움을 향한 걸음이고
또한 그것이 진화라면
그 새로움의 변화는 창조이며

사랑은 그 중심에 있다

그대의 모든 생각은 사랑 안에 있고
그대의 모든 시간도 사랑 안에 있다

그대는 그 변화의 두려움에 신의 이름을 앞세우고
마음의 평화를 찾을지라도
그 마음도 알고 보면 사랑이고
창조가 신의 특권이라면
사랑은 곧 신이다

시간

시간은 사랑이 없다
사랑의 언어를 알지 못하니
이별의 말도 없다

그대의 기억은 시간의 그림자이며
그 그림자를 때론 그리워하지만
시간은 그리움을 알지 못한다
그대가 사랑하는 꿈은
시간도 알지 못하는 꿈이다

그대는 시간을 수로 구분하고
과거, 현재, 미래로 분별하지만
거울에 비친 그대의 눈을 똑바로 보지 못한다면
어떤 시간 속에서도 머물 수 없다

시간이 흘러간 추억을 데려와
그대의 잔잔한 마음을 혼미하게 하고
시간이 미래의 거울을 보여주며
그대를 절망하게 할지라도
그 유혹을 넘어야 하리라

이 대지 위에 머물러 있는 그대가 비록
삶의 주인 행세를 하고 있을지라도
언젠가는 떠나야 하지만,

그대가 맑은 의식으로 살고 있다면
그대가 시간의 길 위에 새긴
사랑의 흔적은 변하지 않으리라

시간은 분별도 경계도 없다
시간은 오늘이다
오늘은 어제의 꿈이 아닌가
내일을 꿈꾸지 말고 오늘을 행하라

시간 속에 마음을 가두지 말고
사랑으로 시간의 둥지를 만들고
사랑으로 시간의 창공을 날으라

앎

1.
깨달음은 모든 것을 앎인데
그대는 그 깨달음의 진리를 듣고 찬송하면서
왜 깨닫지 못하는가

경전과 비전 속에 모든 길이 있을 진데
왜 그대는 그 길을 걷지 못하는가
그대의 사랑을 빌려줄 수 없듯이
깨달음도 각자의 길이 있는 것이 아닌가

깨달음이 또 다른 깨달음의 시작이라면
대체 깨달음의 진면목은 무엇인가
깨달음이 앞으로 나가는 것이고,
그대가 삶을 사랑하고 실천하고 있다면
하루하루가 곧 깨달음의 길이 아닌가

전지자는 모든 것을 앎이며
그대의 과거와 미래를 알고
그대가 아직 행하지 못한 침묵의 노래도 들었을 터인데
오늘도 그대는 누구를 위해 노래하고 있는가

단지 그대의 보이는 기쁨을 위해서인가
아니면 그대는 신의 능력을 의심하는가
그대의 자식을 대하듯 신과 소통하려고 하는가

그대가 잘못을 범하고 스스로 뉘우쳤다면
그대의 신은 그 뉘우침의 소리를 들었을 것이고
그대가 알기 전에 이미 용서하였을 터인데
그대가 다시 확인하고자 하는 것은
혹시 자신의 뉘우침을 의심하는 것인가

그대의 신은
그대의 아우성을 얼마나 더 들어야 하며
그대의 깨달음을 얼마나 더 기다려야 하는가

그대가 신을, 삶을 그리고 사랑을 진실로 알기를 원한다면
오히려 모든 것을 내려놓고
동굴로, 사막으로, 사원으로 가지 말고
그대 자신을 똑바로 세워놓고 말하라

그대가 바로 그대가 찾는 그 사람이며

유일하게 그대의 소리를 듣는 자이고,
그대가 바로 그대의 질문에 응답하는 자이며
유일하게 그대의 생각을 행하는 자이니,
그대를 믿고
그대를 따르라

2.
사랑을 나눌 수 없듯이
앎은 분별을 통해 깨달을 수 없다
대간, 소간으로 산맥을 나누고
이편, 저편으로 서로를 나누어서
그대가 찾은 것은 무엇인가

양파껍질을 벗겨서 그대가 발견한 것은 무엇인가
민들레 씨방을 헤치고 그대가 얻은 것은 무엇인가
그 작은 것을 붙들고
그대는 다시 물어야 하지 않았는가
'너는 누구냐'라고

강물은 낮은 곳으로 흘러야 한다는

그 일편의 원칙만으로 수많은 내와 강을 만들고
위대한 바다를 이룬다

깨달음은 목 긴 망원경으로
천문을 바라보고 터득되는 것이 아니며
눈 깊은 현미경으로 꽃씨를 관찰한다고
열리는 문이 아니다

그대가 단지 강물을 바라보는 마음으로
여문 사과가 떨어지는 것을 보고,
어제의 달이 다시 차오르듯
숨결이 오가는 것을 느낄 수 있다면,
그것이 곧
앎의 시작이며 끝이다

선과 악

마음이 앞뒤가 없듯이
선과 악은 얼굴이 없다
선은 이웃을 앞서 돌보는 마음이며
악은 자신을 앞서 돌보는 마음이다

그대에게 주어진 소임을 행하는 일은
선하며 보이는 기쁨이다
선은 어둠 속에서도 자족할 수 있으며
행하지 않는다고 기쁨이 없는 것은 아니다

악을 행하는 자는 자기 사랑에 빠져
단지 자신의 그림자만을 보고 걷고 있을 뿐이다
허나, 때론 악은 그대의 욕망을 위해
행하는 기쁨이 아닌가

빛이 있어 어둠이 분명해지듯이
악이 있어 선이 아름답다
그대가 어둠을 부정할 수 없듯이
악을 부정할 수 없으며
악은 단지 사랑이 가난한 것뿐이다

그대의 삶이 사랑 속에 머물기를 원한다면
이것은 선하고
저것은 악한 것이라고 분별하지 말라

큰 세상은 의식의 창문으로 보이는 것이 아니며
보이는 것은 단지 보이는 세상일 뿐이고
의식은 단지 시대의 표상일 뿐이다

삶을 위해 행하는 섭식도
알고 보면 악의 도움이 필요하고
들꽃을 꺾어 사랑하는 이에게 전하는 선물도
알고 보면 기쁨으로 가려진 악행이 아니던가

세상의 모든 것은 본래의 뜻이 있으며
그대를 위해 존재하는 것은 아무 것도 없다
하여 그대가 행하는 선은 홀로 열매 맺을 수 없으며
악도 홀로 꽃피울 수 없다

왼손이 오른손을 속일 수 없듯이
악을 외면하고 선을 행할 수 없으며
선을 외면하고 악을 행할 수 없다

욕망

욕망은 타지 않는 돌이며
마르지 않는 샘물이다
사른다고 사라지는 것이 아니며
비운다고 비어지는 것도 아니다

그대가 어둠 골짜기에 욕망을 매장할지라도
그대가 집안에 들어섰을 때
그대의 침대 위에서
미소를 짓고 있는 욕망을 만나게 되리라

욕망은 그대 마음에 따라 성숙하고
그대 의지의 명령에 따라 강해지며
때론 이성의 입술에 고개를 숙이지만
돌아서서 그대의 변심을 기다린다
그대는 알고 있지 않은가
욕망의 속살이 소망하는 것을

허나 욕망은 삶의 날개이다
욕망 없이 그대는 하루하루를 어떻게 날 수 있겠는가
굽이치는 파도를 넘어

저 환희의 창공으로 어찌 여행할 수 있겠는가

간혹, 그대가 욕망의 숨결을 외면할 수는 있으나
입을 막는다고 섭식의 욕망이 사라지지 아니하듯
욕망은 그대와 함께 아침을 맞이하고
그대와 함께 잠자리에 든다

하여 욕망이 그대를 부르면
욕망을 따르라
욕망이 그대와 노래하길 바란다면
함께 춤추고 노래하라

욕망이 그대 삶의 주인이 되길 원한다면
기꺼이 모든 것을 욕망에 맡기되
욕망의 주인이 사랑이 되게 하라

그대가 그 사랑의 힘을 진실로 믿는다면
욕망이 그대를 천애절벽으로 데려가
천길 바닥으로 떨어뜨릴지라도
사랑은 그대의 날개가 될 것이며

욕망이 나락보다 깊은 곳으로 그대를 내몰지라도
사랑은 그대를 다시 샘솟게 하리라

하여 그대의 무한한 사랑 속에서
강물이 출렁이듯이
욕망이 한없이 춤추게 하고
침침한 어둠 속에서 수련이 피어나듯이
환희 가득한 욕망의 사랑탑을 쌓을 수 있으리라

열정

열정은 삶을 춤추게 한다
꽃구름 앞세우며 환희의 합창을 하고
유혹의 손을 잡고 뒷길을 동행하기도 하지만
그 길이 어둠이 아니었다면 후회는 없으리라

고요한 아침 호수의 일상보다
큰 산을 휘돌아가는 급류에 몸을 싣고
폭포수처럼 추락하는 모진 삶도
미래를 위한 미지의 힘이 될 것이며,

굽이굽이 산허리를 돌고 돌아 산정에 올라서서
하늘을 밀어올린 호연지기도
그대의 선택이 선하였다면
그대의 삶을 풍요롭게 하리라

열정은 그대가 오를 수 있는 산보다
더 높은 곳으로 그대를 이끌고
열정은 그대가 건널 수 있는 바다보다
더 먼 곳으로 그대를 안내하리라

허나 그대가 대지의 바람을 모아 세상을 휘몰고
인산 위의 인산이 되고자 할지라도
스스로 돌보지 못하는 자만은
삶을 무겁게 할 것이며
제 목소리에 도취한 오만은
사랑을 어둡게 하리라

하여 욕망의 열정이 그대의 삶을 몰아치고
그대의 사랑조차 덮을지라도
열정의 몰약에 취하지 말고
이성의 열정으로 감싸야 하리라

한 시절 감돌던 열정도 때가 되면
공작이 나래를 접듯이
시간의 그물은 열정을 가두고
냉정의 사슬은 열정을 잠재우리라

언젠가 그대의 강물이 저녁놀에 길게 누울 때
그대와 함께한 열정의 시간은
바래지 않는 삶의 보석이 될 것이며

그대의 마음이 정처 없을 때
그대를 위로하는 추억의 노래가 되리라

소유

소유는 환한 기쁨이며
소유를 위한 노동은 삶의 꽃이다
그대의 깊은 곳엔 세상의 모든 것을
소유할 수 있는 능력이 잠들어 있다

그대가 부여한 재물의 가치를
정당한 노동으로 취하고
정당한 동의로 소유함으로써 그대의 기쁨이 되고,
또한 타인의 기쁨이 될 수 있다면
그대는 원하는 것을 소유할 자격이 있다

숨겨진 욕망은 언젠가는 드러나거늘
그대의 욕망이 초롱초롱한데
그 욕망을 모른 듯 흘려보낼 수 있겠는가
그대의 원함을 소유하라
소유의 진정한 주인이 되라

소유를 통해 삶의 가치를 느끼고
그 희열이 행복의 샘물이 되었다면
그것으로 충분하다

허나 보이는 것이건, 보이지 않는 것이건
어떤 것도 영원할 수 없으며
단지 소유는 그대와 잠시 머묾이 아닌가

더구나 그대의 소유로 인해 고통 받는 사람이 있거나
그 소유가 성스러운 거래를 위반하고
또 다른 소유의 욕망이 삶의 목표가 된다면
그 소유는 독이 될 것이다

실로 그대는 그대를 소유하고 있는가
소유물의 많고 적음이 그대를 대신할 수 없으며
산을 오른 만큼 내려와야 하듯이
소유의 행복만큼
그대는 포기의 고통을 겪어야 하리라

혹여 그대가 남기고간 소유물의 대리인이
그대 삶의 대리인이라고 생각하지는 말라
그대의 삶은 스스로 완전하며
어떤 소유물도 계승되는 것이 아니거늘

그대가 소유하는 것들
아름다운 정원, 추구하는 계급과 명망
그리고 소망하는 행복들이
홀로 자족하고 자랑하는 그대만의 기쁨이 아니라
모두가 함께하는 기쁨이 되어야 하리라

그대가 진정 소유를 통해 영원한 행복을 원한다면
그대 마음을 소유하라 그리하면
소망하는 모든 것을 소유하게 되리라

자유

그대가 진정 자유를 원한다면
모든 생명의 의지를 존중하고
그들의 자유도 사랑해야 하리라

자유는 날아가는 화살도
흐르는 강물도 아니며,
자유의 친구는 하늘을 떠도는 구름이며
산천을 감도는 바람이다

그대가 바람의 길 앞에 서서
그대 머리카락을 휘날릴 수는 있으나
바람을 머물게 할 수 없듯이
그대가 사랑하는 사랑에게
그대의 마음을 열어 설득할 수는 있으나
사랑을 강요할 수는 없다

그대의 의지가 열매 맺기 위해서는
그대에 대한 사랑보다 더 큰 사랑으로
타인의 자유를 존중하고
그 자유의 응답을 기다려야 하리라

정당한 노동을 행하지 아니하고 식탁 위에 빵을
그대의 것이라고 말할 수 있는 자유는 있지만
취할 수 있는 자유는 없다
굶주린 자들은 왜 그대의 자유를 위해
그들의 자유를 포기해야 하는가

다른 모든 생명의 동의 없이
그대는 어떤 자유도 행할 수 없으며
그대가 홀로 행할 수 있는 자유는
오직 상상의 자유뿐이다

또한 그대는
그대의 자유에게 명령할 수 없으며
그대의 호주머니에 자유를 넣을 수도 없다
혹여 그러했다면
그 자유는 그대만의 자유이며
아무도 풀 수 없는 그대의 족쇄이고
그 열쇠의 주인은 그대이다

의지

의지는 생명의 힘이다
창공을 향한 무언의 주장이며
강물을 거슬러 오르는 순한 거역이다

산을 헐어 길을 만들고
물길을 막아 이룩한 우리의 도시는
조상이 물려준 의지의 표상이며

시간을 더듬어 생명의 뿌리를 밝히고
광활한 우주를 향한 불굴의 신념은
우리의 후손에게 물려주어야할 유산이다

열정은 의지의 왼손이며
용기는 의지의 오른손이다
열정 없는 의지는 돛 없는 돛배이며
용기 없는 의지는 닻을 내린 거룻배이다

그대가 행함에 있어 정당한 정의와
선의의 선택을 하였다면
의지의 손을 굳게 잡고

그대의 소망을 펼쳐라

그대의 목적이 악하지 않다면
하늘은 그대의 뜻을 거부할 수 없고
대지도 그대에게 박수를 보내지 않겠는가

의지의 양식은 의식이며
의지의 뿌리는 마음이다
의지의 행사는 그대에게 부여된 몫이거늘
누가 대신할 수 있겠는가

오가는 숨결을 고요히 바라보는 능력만으로
그대의 소망을 실천할 수 있으며
그대의 의지는 항상 그대의 손길을 기다리고 있다

산문을 지키는 저 천년목도
작은 잎새에서 시작하였고
그대의 도시를 감도는 저 강물도 알고 보면
아무도 돌보지 않았던 깊은 산속 샘물이 아니었는가

의지는 삶의 뿌리를 굳건히 하고
흔들리는 영혼을 곧추세우지만
자만에 취해 자신만을 돌보는 의지는 비록
그대가 성취의 즐거움을 얻었을지라도
가을장미처럼 쓸쓸하리라

그대의 의지가 세상과 함께하는 참된 소망이라면
의지의 길 위에서 사랑의 노래를 부르라
의지가 스스로 지쳐있을 때
어깨를 도닥이는 친구가 될 것이며
그대의 발길을 더욱 가볍게 하리라

고독

고독은 사랑의 뿌리이다
고독은 삶을 사랑하는 마음이며
그 마음의 심장을 침묵으로 바라보는 눈이다

그대의 삶이 단단하고
그대의 꿈이 풍요로울수록
고독의 강은 깊고
고독의 산은 푸르다

고독은 삶의 향기이다
고독의 기쁨에 낯선 자는
아직 꽃 피우지 못하였고
고독의 슬픔을 외면하는 자는
아직 열매 맺지 못하였거늘

실로 인생은 고독의 축제가 아닌가
그대가 고독을 초대하지 않았어도
고독은 그대의 침묵에 기꺼이 동행하고
그대가 고독에게 양식을 제공하지 않았어도
고독은 그대 삶의 식탁에서 마주하지 않았는가

고독이 그대를 찾으면
먼 곳에서 온 친구를 대하듯 반갑게 맞이하라
고독의 참된 친구는 고독이며
비록 독한 술과 같이 한순간
그대를 취하게 할지라도
삶의 열매를 더욱 단단하게 하리라

그대가 고독과 대화할 때
그대는 전혀 고독하지 않으며
그대가 고독을 외면할 때
그대는 오히려 고독하게 되리라

고독의 치료약은 고독이며
고독이 그대에게 손을 내밀면
아침 햇살에 새근거리는 풀잎처럼
두 손으로 받으라

그대가 대지의 가장 어두운 곳 또는
가장 깊은 곳에 있을지라도
세상이 그대에게 입힌 의복을 벗고

고독이 안내하는 길을 따라 그 심연에 들어서면
그대를 기다리고 있는 사랑을 만나게 될 것이며
그대는 가장 영롱한 빛을 보게 되리라

아름다움

그대 스스로 아름다움을 깨닫지 못한다면
누가 그대에게 아름다움을 선물할 수 있겠는가
그대가 단지 사랑을 느끼고 행한다면
그대는 충분히 아름답다
살아있음이 곧 아름다움이며
그 마음이 사랑이다

어둠 속에 빛이 스미듯
그대의 하루를 사랑으로 가꾸고
삶의 향기로 고통을 감쌀 수 있다면
그 마음은 아름답다
단지 생각과 느낌도 아름답지만
행하는 것은 더욱 아름답다

기쁨의 노래도 아름답지만
슬픔의 노래도 아름답다
허나 그대의 기쁨은 그대만의 기쁨이고
그대의 슬픔은 그대만의 슬픔이며
홀로 부르는 노래이다

모든 것은 스스로 아름다우며
그것으로 부족함이 없다
또한 어떤 목적을 갖고 변하는 것은 아름다우며
변하지 않는 것은
더 큰 아름다움이다

살아있는 것은 아름다우며
죽어가는 것도 아름답다
드러난 것이 아름다움이라면
추함은 아름다움의 그림자이다

허나, 어떤 아름다움도 홀로 아름다울 수 없으며
어떤 추함도 홀로 추할 수 없다
의식의 의복을 벗으면
영원한 아름다움도 없고
영원한 추함도 없다

가족

가족은 선택이 아니라 숙명이다
가족은 육체의 근원이며
삶의 둥지이다

그대는 부모의 기운과 육신을 빌려
대지에 뿌리를 내리고
하늘의 광명을 받았으니
하루하루 그 은총에 감사하고
그 은혜를 사랑으로 받아야 하리라

그대가 한 줌의 지식과
한 조각 의식의 날개를 달았다고
어떤 이유에서든지
그대 부모를, 그대 가족을, 그대 자신을,
비난하거나 비하하지 말라

세상의 어느 것도 가족을 대신할 수 없으며
어느 누구도 가족보다 우선할 수 없다
그대의 생각, 감정 그리고 행하는 모든 것은
선조로부터 물려받은 유산이며,

그대가 성취한 모든 것도 살펴보면
시대와 환경에 맞게 변화된
선택과 의지의 반영일 뿐이다

그대의 집이 육신의 안식처이듯이
가족은 영혼의 동반자이며,
몸 다른 그대이고
보이지 않는 삶의 힘이다

그대의 수레가 수렁에 빠져있을 때
기꺼이 자신의 손을 내어주는 것이 가족이며
그대가 빛나는 화관을 썼을 때
진정으로 그대를 격려하는 것이 가족이다

그대가 사랑의 기운으로 세상에 온 것처럼
그대 또한 사랑의 정념으로 가족을 이루리라
그 불멸의 힘으로 서로 격려하고 의지하며
서로의 거울이 되고
서로의 등불이 되라

그대가 언젠가는 가족의 곁을 떠날지라도
슬퍼하지 말라
그대가 세상에서 나눈 사랑은
남은 자의 삶 속에서 영원하리라

부부

부부는 음양의 합일도
자웅의 결합도 아니다
부부는 둘이면서 하나이다

서로의 사랑이 영원하길 원한다면
마주보지 말고 한 방향을 보라
두 물길이 먼 바다를 향하듯이

서로의 사랑이 변치 않는 믿음을 바란다면
생각을 생각으로 나누지 말고
나뭇가지가 먼 하늘 길을 향하듯이
한 마음으로 합하라

그대의 몸은 돌보다 단단하지 못하나
돌을 다듬어 성곽을 쌓을 수 있고,
그대의 마음은 물보다 유연하지 못하나
그릇을 빚어 샘물을 담을 수 있거늘
그 능력과 그 지혜가 행복의 씨앗이 되리라

물에 비친 달빛이 물바람에 날리듯이

서로의 갈망이 서로의 이해를 통해 흩어지고
기쁨은 기쁨으로 엮고
슬픔은 슬픔으로 풀어내면서
사랑의 먼 길을 감싸야 하리라

된바람이 그대의 대문을 두드리고
된서리가 그대의 창문을 오가더라도
서로 잡은 손이 다스하다면
그대의 집은 영혼을 밝히는 둥지가 될 것이며
그대의 의복은 창공을 떠도는 날개가 되리라

모든 것이 그러하듯이 어느 날 불현듯
사랑의 맹세가 갈잎처럼 변하고
풀지 못한 애증이 두 마음을 젖이거든
다음과 같이 기도하라

"내 마음을 다시 접어 그대에게 바칩니다
그대의 입이 내 귀가 되고
내 입이 그대의 귀가 되어
그대의 의지가 우리의 의지가 되게 하고

그대의 소망이 우리의 소망이 되게 하소서
하여
그대와 나의 이름으로
나와 그대의 서원으로
우리 사랑이 다시 여울져 흐르게 하소서"

자녀

그대는 양식을 제공한 대가로
자녀의 마음에 그대의 꿈을 심었는가
그대는 편안을 제공한 대가로
자녀의 꿈길에 그대의 욕망을 새겼는가

자녀는 그대가 이루지 못한
욕망의 대리인도
희망의 실천자도 아니다

그대는 사랑 없는 조상이 남기고 간
탐욕의 유산을 자녀에게 물려주려 하는가
또한 자녀의 앞길에 서성이며
자유의 횃불을 비추었다고 하면서
그대의 숨결은 왜 그리 거친가

그대의 자녀는 스스로의 힘으로 살아갈
자유를 갖고 태어났으며
자신의 삶을 설계하고
성취의 기쁨과 좌절의 아픔을 누릴 자격이 있으니
자녀의 그 소중한 행복을
그대 몫으로 돌리지 말라

진정한 사랑은 자만도 자랑도 아니며
자녀의 꿈과 희망이 그들의 의지로 꽃피우도록
말없이 지켜보고
침묵으로 격려하는 것이다

참된 사랑은 흔적을 남기지 않는다
그대의 사랑을 주고
그 사랑을 받은 자녀에게 감사하라

때론 자녀의 응답이 그대를 슬프게 할지라도
그 아픔이 그대 사랑을 더욱 성숙하게 할 것이며
그 축복이 그대 삶을 풍요롭게 하리라

자녀에게 사랑을 강요하지 말고
또한 그대의 소유물로
자녀의 사랑을 구하지 말라
사랑은 애정의 도구도 아니며
증여되고 상속되는 것도 아니다

햇살이 아무런 요구 없이
대지에게 따스함을 베풀듯이
그대는 단지 자녀에게
그대의 마음을 표현한 것만으로 충분하며,

자녀 스스로 사랑의 길을 걷고
자녀 스스로 삶의 강을 건너며
홀로 깨우치길 기다려야 하리라

어느 날 불현듯
한밤중에 자녀가 그대를 깨우고
밤새 흘린 눈물을 고이 내밀 때
그대가 비록 구름 누각에 산다고 한들
어찌 그 슬픔을 대신할 수 있겠는가

그대가 진정 자녀를 사랑한다면
그대의 생각과 소유물을
그대의 마음보다 앞세우지 말고,
강을 거슬러 오르는 물고기처럼
그대 마음속에 쉼 없이 흐르는
그 사랑의 숨결을 스스로 느끼게 하라

행복

그대는 알고 있지 않은가
옹종한 조상들이 남기고간
지극한 사랑과 저주스런 분노
그리고 경멸의 몸짓을,

한편에선 춤추며 노래하고
한편에선 목울대를 움켜주고 울부짖는
탐욕의 역사와 애욕의 문명을,

삶의 목적은 무엇인가
아직 성취하지 못한 미상의 행복인가

행복이란
안락의자에 비스듬히 앉아 긴 턱을 고이고
흐르는 강물을 바라보며 추억을 노래하는 것인가

행복이란
빈 식탁에 앉아 하루를 위해 기도하는 이들을 외면하고
오로지 자신과 자식을 위해 음식을 마련하고
천국의 정원을 오가며 내일의 욕망을 수놓는 것인가

행복이란
명예의 계단에 올라서서 얼룩진 화관을 만지작거리며
그대의 그림자조차 찬송하는 것인가

행복이란
아무도 풀지 못한 진리의 탐구인가
가정과 가설로 끼워 맞춘 그 진리가
그대를 편안하게 하였는가

행복이란
신의 동의 없이 신의 형상을 만들고
간곡한 믿음을 인정해달라는 간절한 기도인가

오늘도 그대는 자신이 성취한 행복은
노동과 금욕의 대가라고 자위하면서
그 안일한 편안 속에 숨어서
누구도 돌보지 않은 행복의 정원을 꿈꾸고 있는가

보라!
행복의 거울 뒤에 이름을 숨기지 말라

눈 없는 욕망과 귀 없는 행복은
그대가 아무리 고고한 창공을 날지라도
굶주린 솔개와 같으며,

혹여, 그대가 원하는 행복을 성취하였을지라도
그대는 결코 만족할 수 없으며
또 다른 욕망의 수레를 굴려야 하거늘

그 행복의 편안함에 도취하여
스스로 무한의 물레를 돌려야 하거늘
그 길이 끝이 있는가

물고기가 물속의 자신을 알지 못하듯
그대도 삶 속에서 삶의 진실을 알 수 없으며
행복 또한 그러하리라
허나 진정한 행복은 행선지가 아니라 길이 아닌가

가쁜 숨을 헐떡이며 삶을 저주하기도 하고
작은 성취에 또 다른 욕망을 불태우기도 하지만
먼 미래를 향해 걷고 있는 삶의 순간순간이 곧 행복이며,

그대의 육신과 영혼이 혼연히 느끼고 있다면
그대는 지금 행복의 도상에 있다

자신의 삶을 여과 없이 사랑으로 받아들이고
한 걸음 한 걸음
그대의 땀으로 눈물을 닦아내고
그대의 눈물로 꽃피울 수 있다면
그대의 삶은 행복하리라
그대는 진정 삶을 사랑하게 되리라

복

복은 노동의 열매이다
그대가 삶을 사랑으로 받아들이고
앞선 마음으로 그대의 소임을 다한다면
복은 그 보상이다

세상은 수레바퀴 같아서
부족하지도 넘치지도 않으며
어느 것도 모남이 없다

그대는 항상 모자라고 어긋났다고 생각하고
때론 홀로 선택받음을 원할지라도
그대의 계산은 단지
그대의 계산일 뿐이다

창공을 떠도는 구름을 바라보라
산마루 오가는 바람 소리를 들어보라
하늘은 목적이 없다
차면 비우고 비우면 채우거늘

혹여 그대가 사원에서 또는

그대 조상의 묘비 앞에서 두 손을 모으고
복을 기원하고 그 보답으로
원하는 복을 받았다고 생각한다면,

살펴보라
그것은 그대의 기도에 대한 응답과 소통이 아니라
그대의 간곡한 원함이 그대를 움직이고
그 보이지 않는 힘으로
그대가 살았기 때문이리라

행여 그대가 하늘의 선물이라고 생각되는
복을 받았다면
그대가 원하던 원하지 않던
그 복이 필요한 사람이 있을지니
그대가 살아 있는 동안에
세상에 돌려주어야 하리라

또한 그대가 어떤 복을 소망하고 있다면
그대보다 빈곤한 자의 몫을 탐하거나
부모 형제 또는

자식의 몫이 아닌지 살펴보아야 하리라

우리의 셈법은 서로 다르지만
복은 있고 없음이 없으며
또한 많고 적음도 없다
복은 업이다

꿈

꿈은 삶의 묘약이다
이보다 더 큰 즐거움과 행복이 어디 있겠는가

태고의 어둠 속을 거닐다가
먼 우주를 항해하는 시간여행자가 되기도 하고
시대를 오가며 생명의 소리에 귀기울이다가 불현듯
성지를 향해 오체투지의 고행자가 되는
이 환희를 무엇과 바꿀 수 있겠는가

시대가 가난하여 삶이 그대를 속박하고
사랑마저 그대를 슬프게 할지라도
그대만의 꿈을 간직하라

꿈속에서도 꿈의 천국을 만들라
꿈은 의식이 선물한 소중한 양식이며
어떤 신도 간여할 수 없고
어떤 악마도 간섭할 수 없는
완전한 자유 세상이 아닌가

꿈이 있어 그대는 앞으로 나아갈 수 있으며

그대의 몸이 푸르고
그대의 마음이 춤추고 있다면
또 다른 삶의 기쁨과 쾌락을 즐길 수 있으리라

꿈을 보고자 하는 그대의 희망은
의식의 들숨이며
꿈을 성취하고자 하는 그대의 소망은
의지의 날숨이거늘

그대의 마음이 하늘 아래 부끄럽지 아니하고
그대의 몸이 대지의 뜻을 거역하지 않는다면
그대의 의지는 꿈을 보여줄 것이며
그대는 꿈의 주인이 되리라

자신을 시대에 가두지 말고
열린 시공으로 그대의 마음을 펼쳐라
삶이 부족하지 않으리라
사랑이 풍요로워지리라

덕

덕은 사랑의 화불이다
덕은 봄 햇살에 초록이 피어나듯이
자애심이 깊으면
스스로 드러나는 것이다

덕의 마음은 맑은 하늘 같아서
걸림이 없으며
덕의 몸은 가을 강물 같아서
가볍지 아니하다

덕은 행하지 않고 행하며
말하지 않고 말하는
꽃이며 향기이다

덕은 깊이가 없으며
분노하지 않는 것이 분노이고
시기하지 않는 것이 시기이다

덕은 너비가 없어서
욕망 없음이 욕망이며

명망 없음이 명망이다

덕은 배움의 길 위에 있지 아니하며
속세를 등진 깨달음도 아니다
단지 마음의 창으로 계절을 순하게 받아들이고
수면 위로 몸을 올린 수련처럼
마음을 펼치는 것이다

혹여 그대가 길을 걷다가 덕인을 만나면
그 인연에 감사하라
그 만남은 마른 입술을 적시는 샘물이며
한줄기 바람이 되어
그대 사랑의 향기를 더해 줄 것이다

감사

숲길을 걷다가 솔바람이
그대에게 축복의 말을 건네면
감사를 표하라

강둑을 걷다가 강바람이
그대에게 감사의 말을 건네면
그 감사에 답하라

떠도는 상념이 귓가를 맴돌다 문득
기쁨의 노래를 부르거나
오가는 망상이 그대 창가에 기대어 홀연
슬픔의 손짓을 하더라도
온 마음으로 감사하라

그대의 삶을 억누르는 고통과 고뇌도
고목이 옹진 옹이를 온몸으로 감싸듯이
두 손 모아 감사하라
그보다 진지한 삶의 희열이 있겠는가

신의 형상을 모신 사원이건

깨달음을 얻은 성자의 성언이건
그대 삶의 행복이 되고 믿음이 되었다면
그 인연에 감사하고
또한 그대의 그 신념에 예를 표하라

대지를 딛고 선 그대가
어찌 낮게 임하지 않고 높이 날 수 있겠는가
마음의 안식처 없이
어찌 몸이 마음껏 세상을 떠돌 수 있겠는가

그대가 기쁨의 하루를 보냈다면
스치는 바람의 손목을 잡고 감사하라
또한 그대가 고통의 하루를 보냈다면
흐르는 강물에 손을 씻고 기도하라

언젠가는
모든 고통은 사라질 것이며
모든 환희도 잊혀질 것이다
살아있는 모든 것들이
죽음을 축복으로 받아들이듯이
그대의 삶도 그러하리라

정의

만세萬世를 위한 정의는 없다
만인萬人을 위한 정의도 없다
그대는 시대의 정의에 춤추고
그대는 자신의 정의만을 노래하거늘

부유한 자의 등잔을 훔쳐
마음이 가난한 자를 위해 불을 밝혔다면
그것은 그대의 정의이고,

위선과 불의에 의연히 노하여
가슴에 새긴 명패를 도닥이며
그대의 의지를 행하였다면
그것 또한 그대의 정의이다

정의는 홀로 존재하지 않는다
정의의 친구는 자유이며
자유의 친구는 평등이다

이들의 동의하에 정의는 존재하며
그대가 갈등의 선택과 고심의 결정을 하였을지라도

그대가 세운 정의를 누가 정의定義할 수 있겠는가

참된 정의는 주장도 외침도 아니며
그대가 깃발을 높이 들고
목 긴 나팔을 불며 한 시절 세상을 물들일 수는 있을지라도
강물에 띄운 낙엽처럼
또한 흘러가리라

혹여 그대가 정의를 앞세우고
삶이 춤추기를 원한다면
사랑의 이름으로 정의의 깃발을 세우고
마음 가난한 자를 위해 축복의 노래를 부르라

그 노래가 다시 메아리가 되어
저 광활한 창공으로 퍼져나가
뭇 생명들의 기쁨이 되게 하라

지식

지식은 대지와 대기 안에서
존재의 의미를 구하고
그 행복을 추구하는 삶의 지도이다

의지가 그대를 앞으로 나가게 하는 힘이라면
지식은 그대를 올바르게 걷게 하는 힘이다
그대는 지식의 낱알로 성장하지만
목적 없는 지식의 욕망은 잡초 가득한 정원이며
이유 없는 지식의 두려움은 무명의 숲길이다

그대가 흘린 땀으로 값지게 영글은 지식은
봄날 초록처럼 새로운 피가 되고
열린 마음으로 받아들인 지식은 골짜기의 매향처럼
그대의 영혼을 향기롭게 하리라

지식은 스스로 가치를 내세우지 않으며
어떤 지식도 무가치한 것이 없으나
그 쓰임에 따라 변하지 아니하던가

어떤 생명은 샘물로 독을 만들고

어떤 생명은 독물에서 꽃피고 꿀을 만들거늘 또한
어떤 이는 무쇠로 창을 만들고
어떤 이는 몸을 보호하는 방패를 만들거늘

지식은 언어로 꽃피우고
몸으로 열매 맺지만
깨달음의 길이 보이지 않듯이
참된 지식은 스스로 드러내지 아니한다

둥지를 떠난 어린 새가
자신의 삶을 살아가듯이
소중한 지식은 그대 의지의 땀으로 찾아야 하리라

하여, 그대가 보고 듣고 깨달은 지식이
그대 사랑의 손이 되고
그대 사랑의 입술이 되게 하라

가르침

그대가 존경받는 스승일지라도
승자의 지식을 가르칠 수는 있으나
그 지혜를 가르칠 순 없다

그대가 진정한 자유인일지라도
자유를 앞세우고 그 의미를 가르칠 수는 있지만
그 자유를 행하게 할 순 없다

그대가 선망 받는 부자일지라도
재물을 모으고 관리하는 비법을 가르칠 수는 있으나
재물의 영원한 주인이 되게 할 순 없다

그대가 비록 깨달은 자일지라도
제자의 심신을 한순간 편안하게 할 수는 있으나
그대의 마음을 빌려줄 순 없다

사랑이 그러하듯
참지식은 가르칠 수 없다
언어는 때때로 제자리를 맴돌고
지식은 스스로 열정이 없거늘

그대의 가르침이 열매 맺기를 원한다면
몸소 행하라
산이 말없이 몸을 세우고
강물이 쉼 없이 홀로 흘러가듯이

그대가 세상을 사랑하는 스승이라면
생존이 아니라 생명을 깨닫게 하라
삶 속에 잠든 침묵의 소리를 듣고
이에 순종할 줄 아는
삶의 사랑을 가르쳐라

그대가 진정한 삶의 안내자라면
대지의 노래에 마음을 열고
하늘의 노래에 귀 기울이는
생명의 삶을 가르쳐라

노동

그대는 스스로 시대와 문화,
부모와 형제는 선택하지 못했을지라도
그대의 노동은 선택해야 하리라

노동은 삶의 줄기이고 힘이며
그 힘이 그대의 연약한 뿌리를 굳게 하리라
노동은 그대가 생존을 위해
섭취한 생명들에 대한 성스러운 보답이며
생명의 뜻에 대한 사랑의 표시이다

그대가 사랑의 마음으로 일하고
그 보답에 행복을 느낄 때
그대는 하늘의 합창을 듣게 될 것이며,

그대가 편안의 유혹을 거부하고
흘린 땀이 의복이 될 때
그대는 대지의 노래를 듣게 되리라

노동의 가치는 시대의 논리이며
노동의 귀천은 문화의 반영이지만

그로 인해 그대 마음이 고통 받을지라도
그대가 생을 마감할 때
어떤 차별과 분별도 무의미함을 알게 되리라

사랑에 인색한 자가 높은 권좌에 앉아
그대의 노동을 업신여길지라도
그대의 눈망울이 맑고 초롱하다면,

그대의 육체는 산천을 내려다보는 푸른 정자가 될 것이며
그대의 마음이 솔처럼 푸르다면
그대의 영혼은 구름 누각에 거주하게 되리라

마음 없는 노동은
그대의 육체를 연약하게 할 것이며
사랑 없는 노동은
그대의 영혼을 가난하게 하리라

미혹한 입술로 노동을 대신하는 자는
그 죄책감을 견디는 노동이 필요하고
대가없는 노동을 강요하는 자는

욕망의 바위를 머리에 이고
길 없는 밤길을 걸어야 하리라

노동은 욕망의 길잡이가 아니며
의지의 표상도 아니다
존재했던 모든 생명이 그러하듯
언젠가 그대는 욕망으로 얻은 모든 것을
감사의 마음으로 세상에 돌려주어야 하며
오직 노동의 행복과 성취의 희열만이
그대 영혼을 풍요롭게 하리라

언어

언어는 의미의 싹이며
의식의 꽃이다
언어는 대화의 창이며
지식의 문이다

허나 언어는 위험한 짐승이다
낮에는 천사와 노래하고
밤에는 악마와 춤추거늘

몸 떠난 언어는 풀이슬이요
마음 떠난 언어는 뜬구름이지만
어떤 언어는 아름다운 시가 되고
어떤 언어는 세상의 독이 되거늘

입술을 떠난 언어는 둥지를 찾지만
의혹은 다툼의 새벽이고
얼굴 없는 자식을 잉태하나니,

때때로 그대는 믿음의 산마루에서
의심의 골짜기를 바라보며

그대의 옆구리를 찔러보지 않았는가

마음이 가난한 자가 자신의 즐거움을 위해
달콤한 말로 사람을 혹하였다면
진정한 자책으로 거두어들여야 하리라

어리석은 자가 자신의 쾌락을 위해
억누르지 못한 분노를 입술에 담았다면
진정한 후회로 거두어들여야 하리라

그대가 세상을 향해 쏘아올린 모든 화살은
결국 그대 그리고
그대가 사랑하는 사람의 가슴을 향해 되돌아오거늘
그렇지 않고 하늘이 어찌 청청할 수 있겠는가

들뜬 언어는 그대의 입술을 즐겁게 하고
참된 언어는 그대의 마음을 기쁘게 할 것이지만
바람이 거미줄에 걸리지 아니하듯
언어의 덫에 걸리지 말고
강물이 물바람에 머물지 아니하듯

언어의 유혹에 눈멀지 말아야 하리라

호기심 가득한 그대여
자신의 노래에 취하지 말고
언어의 수사에 미혹되지 않으며
굳건히 그대의 길을 가야하리라

두려움 가득한 그대여
삶의 언어는 그대 안에 생생하거늘
가장 순수하고
가장 영예롭게
그대 마음의 언어에 귀 기울여라

의식

의식은 세상을 바라보는 들창이다
때론 아침 숲길처럼 부산하고
때론 가을 하늘처럼 드높지만
생생한 삶의 숨결을 느끼게 한다

의식은 그대를 세상에 곧게 세우고
마음을 합하여 세상을 이끌지만 한편으론
서로 마음의 벽이 되어 세상을 나누거늘

의식은 삶의 집행자이며
그대는 의식의 화관을 쓰고
그대의 세상을 군림하기도 하지만
그대를 바로 세우고 바로 보지 못한다면
그 노예에 머물게 되리라

어떤 이는 의식은 한낱 꿈이며
삶은 헛된 것이라고 말하지만
그대가 느끼고 생각하고 선택한 의식과
그대의 의지로 행한 모든 것은
시간 위에 새겨지는 보석이 되리라

그대를 있게 한 세상에 감사하듯이
그 의식을 여물게 한 사랑의 손길에 감사하라
그 사랑이 없었다면
그대가 어찌 세상을 바로 볼 수 있겠는가

어떤 숲길은 기쁨 가득하고
어떤 꽃길은 잡초 무성하거늘
꽃담을 두르고 정원을 돌보듯이
그대의 의식을 가꾸어야 하리라

꽃이 피듯이 의식은 서서히 피어나고
탐스런 열매를 맺듯이 의식은 여물어 가며
오가는 계절의 기쁨과 슬픔을 묵묵히 이겨내야
그대의 의식은 비로소
그대와 한 마음이 되리라

참된 것은 스스로 드러내지 않으며
진실로 아름다운 것은 스스로 표현하지 않거늘
그대의 삶 속에 참된 의식이 함께할 때

폭우가 그대의 길을 막고
눈보라가 그대의 마음을 옥죄더라도
그대는 고요하고 여여한 기쁨을 느낄 수 있으리라

그대가 대지 위에 해진 몸을 뉘고
가장 높은 하늘을 보게 될 때에
그대의 의식도 비로소 고요해 지거늘
그 마지막 의식의 숨결이
그대의 따스한 삶을 축복하리라

문화

역사가 삶의 자취라면
문화는 그 울타리이고
그 경계의 이름이다

만물에 깃든 모든 것은 변하며
영원한 지배도 번영도 없다 또한
영원한 밝음도 어둠도 없다

그대가 비록 시대의 시간 속에 머물고
문화의 울안에 살지라도
시대의 사슬에 그대를 묶지 말고
문화의 굴레에 그대를 가두지 말라

물가에 옹기종기 모인 물봉숭아가
서로 몸을 비비며 살아가듯이
함께하는 시간 속에 삶의 행복이 있으며
그대의 꿈과 소망은 누구도 대신할 수 없다

비가 오면 비를 맞고
눈이 오면 눈길을 걸어야 하지만

때론 하늘 향해 곧게 선 천년목처럼
그대의 노래를 불러야 하리라

그대의 꿈이 비록 하늘 아래 머물고
그대의 의지가 산하를 오가며 출렁거릴지라도
조상이 물려준 그대의 정기가 강물처럼 흘러
그대가 사랑하는 사람들의
또 다른 꿈과 의지가 되어야 하리라

그대가 진정 사랑 안에 살고
사랑의 힘을 믿는다면
화선지에 스며드는 먹물처럼
그대의 사랑은 스스로의 의지로 퍼져나가
그대의 이름으로 그대의 문화를 이루리라

명상

명상은 그대의 가장 깊은 방에서
얼굴 없는 그대와 대면하는 것이다

세상의 일에 서투른 그대를 위로하고
욕망의 손에 지친 그대를 다독이며
적적한 환희 속에
고요한 기쁨을 함께하는 것이다

명상은 눈이 없어도
만물의 형상을 볼 수 있고
명상은 손이 없어도
생명의 뿌리를 느낄 수 있다

언어가 삼든 곳이 명상의 문이며
의식이 침묵하는 곳이 명상의 방이다

명상의 방에선
그대는 어떤 것도 소유할 수 없으며
집착도 없고 분별도 없다
그대는 경계 없는 창공을 날지만

있으면서 없고
없으면서 존재하거늘

세상이 그대의 소매를 붙들고
부질없고 헛된 것이라고 두런거리며
그대를 낯선 어둠으로 내몰고

세상이 그대의 앞길에 우뚝 서서
그대의 그림자조차 무시할 때
묵묵히 명상의 방에 들어서라

세상은 삶의 뿌리이지만
그대가 없으면
무슨 의미가 있겠는가

명상은 그대의 부름에 응하여
그대의 숨결 따라 오가지만
명상의 안내자는 그대이고
그대가 곧 길이다

어느 날 그대가 길을 걷다가
명상의 심장소리를 듣게 된다면
그 축복에 감사하라
그대는 사랑의 숨결을 듣게 되리라

강을 떠나며

흐르는 강물에 손을 씻고
처음으로 대지의 축복을 노래한 자는 누구인가
여윈 손을 모으며
고개 들어 하늘의 환희를 노래한 자는 누구인가

반물빛 두려움을 뒷길에 감추고
그대는 있는가 없는가
서투른 생심으로 허무를 달래며
그대는 진정 그대인가

하늘은 하늘을 모르고
땅은 땅을 알지 못하거늘
지금 그대는 어디로 향하고 있는가
생각의 생각에 절로 흘러가는가
행동의 행동에 홀로 취해있는가

비록 그대가 선택의 의지로 세상에 오지는 않았으나
그대의 이름으로 부여된 삶을 사랑하여야 하며
그대의 삶은 스스로 아름답고
그대의 삶은 홀로 완전하다

그대의 눈을 바로 보고
마음의 언어를 순하게 풀어낼 수 있다면
모든 모순은 스스로 풀릴 것이며
모든 미혹도 때가 되면 알게 되리라

삶과 죽음은 시간의 지평에서 보면
한 길이요
있음과 없음도 높은 하늘에서 보면
한 색이다

삶의 두려움이 깊을수록 소유에 집착하고
삶을 앞서고자 할수록 명예와 명망을 취하지만
알고 보면 아침 숲길의 고요와 동요이며
가을 들녘을 지나는 바람의 노래가 아닌가

그대의 묘비명에 새긴 어떤 글귀도
어둠에 갇힌 그대를 위로할 수 없고
그대의 무덤가에 피어난 어떤 들꽃도
그대의 기쁨이 되지 못하거늘

허나 그대가 삶 속에서 흘린 땀과 눈물이
먼 시간 속으로 사라지게 될지라도
사랑으로 베푼 그대의 노래와 숨결은
사람들의 마음에 영원하리라

넘치는 것은 부족한 것이며
부족하면 또한 넘치는 것이니
사랑의 있음과 없음도 분별하지 말라

사랑은 그대를 향한 간곡한 외침도
세상을 향한 유장한 주장도 아니며
사랑은 홀로 자족하는 소유도
황금고리로 서로를 엮은 구속도 아니다

사랑은 남몰래 허공에 쌓아올린 무영탑도
세상이 그대에게 부여한 훈장도 아니며
더욱이 그대 스스로 존재의 평안을 위해
울타리 친 마음의 성城도 아니다

사랑에 어찌 유무가 있겠는가

사랑에 어찌 높고 낮음이 있겠는가
사랑하는 사람이 없다고 해서
그대 사랑이 존재하지 않았던가
그때 밤하늘이 존재하지 않았던가

사랑은 족함도 부족함도 아니며
사랑은 그것으로 사랑이다
사랑은 하나이며
사랑은 전부이다

여기에서 행한 말들이
또 다른 모순을 만들고
미혹한 언어가 또 다른 오해를 낳을지라도,

그대의 이해는 잠시 머물고 있는 의식의 소산이며
샛강이 모여 큰 강을 이루고
다시 먼 바다로 나아가듯이
마음의 성숙에 따라 또한 변하지 않겠는가

다시 말하노니

사랑은 그대의 삶이며
삶의 주인은 그대이고
그대가 곧 사랑이다

물위에 비친 저녁놀이 강바람에 출렁인다. 옷깃에 맺힌 이슬을 훔치며 현자는 천천히 걷기 시작했다. 한 묶음의 고요가 물 위에 흩어지고 한 무리 산새들이 강을 건너 날아간다. 타지 못한 불은 다시 태우리라. 잠시 멈춘 물길은 다시 길을 찾으리라. 한줄기 적요가 흐르고 어둠을 감싸 안은 달빛이 강가에 가득하다.